# essentials

*essentials* liefern aktuelles Wissen in konzentrierter Form. Die Essenz dessen, worauf es als „State-of-the-Art" in der gegenwärtigen Fachdiskussion oder in der Praxis ankommt. *essentials* informieren schnell, unkompliziert und verständlich

- als Einführung in ein aktuelles Thema aus Ihrem Fachgebiet
- als Einstieg in ein für Sie noch unbekanntes Themenfeld
- als Einblick, um zum Thema mitreden zu können

Die Bücher in elektronischer und gedruckter Form bringen das Expertenwissen von Springer-Fachautoren kompakt zur Darstellung. Sie sind besonders für die Nutzung als eBook auf Tablet-PCs, eBook-Readern und Smartphones geeignet. *essentials:* Wissensbausteine aus den Wirtschafts-, Sozial- und Geisteswissenschaften, aus Technik und Naturwissenschaften sowie aus Medizin, Psychologie und Gesundheitsberufen. Von renommierten Autoren aller Springer-Verlagsmarken.

Weitere Bände in der Reihe http://www.springer.com/series/13088

David Matusiewicz

# Share Economy im Gesundheitswesen

Auf dem Weg zum dritten Gesundheitsmarkt

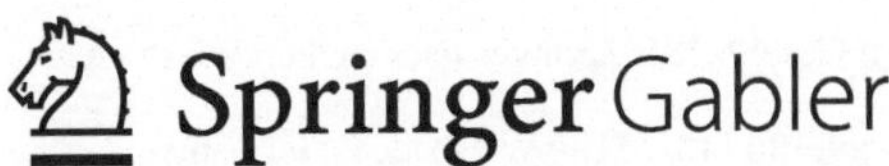

David Matusiewicz
FOM Hochschule für Oekonomie
& Management
Essen, Deutschland

ISSN 2197-6708                          ISSN 2197-6716   (electronic)
essentials
ISBN 978-3-658-31781-2                  ISBN 978-3-658-31782-9   (eBook)
https://doi.org/10.1007/978-3-658-31782-9

Die Deutsche Nationalbibliothek verzeichnet diese Publikation in der Deutschen Nationalbibliografie; detaillierte bibliografische Daten sind im Internet über http://dnb.d-nb.de abrufbar.



Planung/Lektorat: Margit Schlomski
Springer Gabler ist ein Imprint der eingetragenen Gesellschaft Springer Fachmedien Wiesbaden GmbH und ist ein Teil von Springer Nature.
Die Anschrift der Gesellschaft ist: Abraham-Lincoln-Str. 46, 65189 Wiesbaden, Germany

# Was Sie in diesem *essential* finden können

- Umfassender Überblick zum ersten, zweiten und dritten Gesundheitsmarkt
- Bedeutung und Entwicklung der Share Economy im Gesundheitswesen
- Anregungen und Erfahrungen aus anderen Branchen
- Einen Gesamtüberblick zum aktuellen Diskussionsstand

# Danksagung

Der Herausgeber dankt Marina Majnaric, Christina Kusch und Linda Kaiser für die Unterstützung bei der Erstellung des vorliegenden Schriftstückes. Die vorliegende Publikation ist auf Basis von Studienergebnissen zusammengefasst, die durch das gemeinwohlorientierte „Zukunftsinstitut Gesundheitswirtschaft" gefördert wurden.

# Inhaltsverzeichnis

# Einleitung

## 1.1 Einordnung der Begriffe und Einführung

Ein Markt beschreibt grundsätzlich einen Ort des Aufeinandertreffens von Angebot und Nachfrage (Hoffmann et al. 2012). Der Gesundheitsmarkt hat als Merkmal sich mit Gütern zu befassen, deren Konsum der Verbesserung des Gesundheitszustandes dienen, oder diesen zu erhalten (Sienel 2013). Gesundheitsmärkte sind nicht statisch, sondern sie entwickeln sich stetig weiter. Hierfür sind Faktoren ausschlaggebend, wie der demografische Wandel, der technologische Fortschritt, das Gesundheitsverständnis der Gesellschaft als auch die Reifung von gesundheitspolitischen Feldern, deren Zuschnitt sich im Laufe der Zeit verändert. Hierbei stellt sich die zentrale Frage, wie viel Staat im Gesundheitswesen notwendig und wie viel Markt genug ist (ausführlich Matusiewicz und Wasem 2014). In diesem Zusammenhang sind unterschiedliche Akteure im Gesundheitswesen bemüht ihre Macht zu sichern bzw. weiter auszubauen. Hierzu gehören klassischerweise sowohl die Politik, der Gesetzgeber, die Kostenträger als auch die Leistungserbringer (Damm et al. 2010). Insbesondere in den letzten zwei Jahrzehnten kam es zu immer schneller werdenden Reformbemühungen und damit zu mehr Wettbewerb im Gesundheitswesen. In den letzten fünf Jahren kamen verstärkt digitale Innovationen hinzu und auch die Erwartungshaltungen an die Gesundheitsversorgung haben sich verändert. Auch das Interesse an Gesundheitsdienstleistungen, wie Gesundheit und Fitness, ästhetische Medizin, aber auch die bestmögliche Gestaltung der eigenen Gesundheit mit Unterstützung digitaler Hilfsmittel, wie beispielsweise Smartwatches und Health-Apps ist in den letzten Jahren deutlich gestiegen (Matusiewicz et al. 2017).

Der Gesundheitsmarkt wird heute klassischerweise in den sog. Ersten Gesundheitsmarkt und den Zweiten Gesundheitsmarkt aufgeteilt.

Der *Erste Gesundheitsmarkt* beschreibt den Kernbereich der Gesundheitswirtschaft in Deutschland. Er zeichnet sich durch die „klassische" Gesundheitsversorgung aus, welche hauptsächlich durch die gesetzliche Krankenversicherung, die private Krankenversicherung, aber auch durch Arbeitgeber und den Staat geprägt wird. In Abb. 1.1 sind die einzelnen Leistungsbereiche der Gesetzlichen Krankenversicherung aufgeführt.

Der *Zweite Gesundheitsmarkt* beinhaltet alle privatfinanzierten Gesundheitsdienstleistungen und Produkte, die aus der Tasche des einzelnen (engl. out-of-pocket) bezahlt werden. Beispiele für privatfinanzierte Gesundheitsdienstleistungen sind Ausgaben für freiverkäufliche Medizinprodukte und Arzneimittel. Außerdem gehören zu dem Zweiten Gesundheitsmarkt eine Vielzahl an Selbstzahlerleistungen, wie sog. Individuelle Gesundheitsleistungen (IGEL), Fitness und Wellnessangebote, Ernährungsangebote, professionelle Zahnreinigungen, privatfinanzierte ästhetische Eingriffe sowie Investitionen im Bereich der Prävention. Diese Leistungen sind keine Bestandteile der GKV, da der Nutzen dieser Leistungen nicht nachgewiesen ist (Karsch 2015).

Durch die zunehmende Vernetzung und den Einzug neuer Player in den Gesundheitsmarkt wird der Erste Gesundheitsmarkt (Gesetzliche Krankenversicherung und staatliche Administration) und Zweite Gesundheitsmarkt (privat finanzierte Gesundheitsleistungen) um eine weitere Form der Zusammenarbeit –

**Abb. 1.1** Übersicht über den ersten, zweiten und dritten Gesundheitsmarkt. (Eigene Darstellung)

*den dritten Gesundheitsmarkt* (Zusammenwachsen der beiden genannten Gesundheitsmärkte) erweitert.

Aktuell gibt es bereits einige Versuche den dritten Gesundheitsmarkt genauer zu definieren. So wird er als ein Gesundheitsmarkt beschrieben, welcher auf der Basis einer Share Economy entstehen wird, die sich nach dem Peer-to-Peer-Prinzip organisiert und somit das Gesundheitssystem grundlegend verändern soll (Heise und Axt- Gadermann 2018). Andere Definitionen sehen den Übergang zwischen dem Zweiten und dritten Gesundheitsmarkt hingegen fließend. Bedeutend ist jedoch, dass er nicht mehr ausschließlich dazu dient Krankheiten zu verhindern und körperliche Defizite zu beseitigen, sondern optimierende Verfahren ermöglicht. Hierzu zählt auch die Fortpflanzungsmedizin, sowie genetische Behandlungen (Wienke et al. 2009). Weiterhin wird betont, dass Patienten zukünftig eine andere Rolle einnehmen werden und im Rahmen des dritten Gesundheitsmarktes zu Konsumenten werden, welche sich damit beschäftigen ihre Gesundheit nach dem Prinzip der Gemeinnützigkeit zu managen. Dies beinhaltet den gemeinsamen Austausch, beispielsweise über Organisationen, Stiftungen oder Initiativen, um Erfahrungen mit weiteren Betroffenen oder Erkrankten zu teilen (hsbn-ag 2017). Nach herrschender Meinung besteht der Dritte Gesundheitsmarkt also auf dem Prinzip des Teilens und wird das Gesundheitssystem ebenso prägen, wie bereits andere Märkte unterschiedlicher Branchen. Er fördert, dass Menschen danach streben ihre Gesundheit selbst zu organisieren und an dem deutschen Gesundheitssystem mitzuwirken. Der Konsument von Gesundheitsdienstleistungen wird zunehmend mitgestalten und an Bedeutung gewinnen. Die moderne Technik macht es möglich Methoden und Medien zu nutzen, die dazu dienen, den Körper oder Krankheiten besser zu verstehen und dementsprechend damit umzugehen. Ein individuelles Gesundheitsmanagement soll schlussendlich dazu führen länger gesund zu bleiben, zufriedener zu leben und eine persönliche Balance zu entwickeln, die sich durch psychische und physische Gesundheit auszeichnet (Zukunftsinstitut 2015).

## 1.2   Begriffsbestimmung Share Economy

Unter dem englischen Begriff „Sharing" versteht man das Teilen und zwar im Sinne der Überlassung von Dingen an Dritte zu deren Nutzung beziehungsweise des Erhalts von Dingen von Dritten zur eigenen Nutzung. Belk weist der Sharing Economy zwei Eigenschaften zu, zum einen die temporäre Nutzung von Produkten und Services ohne Eigentumsübergang und zum anderen die Integration und Nutzung des Internets, wobei dabei besonders das Web 2.0 als

Grundlage für den Austausch der Produkte und Services angesehen wird (Belk 2007). Der Verzicht auf Eigentum zugunsten des Erwerbs von Nutzungsrechten kennzeichnet die Ökonomie des Teilens. „Teilen statt Haben" oder „Nutzen statt Besitzen" sind die Schlagwörter der Sharing Economy (Theurl 2015). Die ursprüngliche Definition der Sharing Economy geht auf den Harvard-Ökonomen Weitzman und auf sein Buch „The Share Economy" aus dem Jahr 1984 zurück. Er untersuchte, inwieweit Beteiligungsmodelle in Form von flexiblen Löhnen zu Vollbeschäftigung führen können. Die Kernaussage seiner Untersuchung ist, dass durch das Teilen unter den Marktteilnehmern die Kräfte des Wettbewerbs entfesselt werden können, was in einer Verbesserung des wirtschaftlichen Wohlstandes für alle resultiert (Weitzman 1984). Der Begriff Share Economy beschreibt außerdem verschiedene Wirtschaftsmodelle, welche die Gemeinsamkeit der gemeinschaftlichen Nutzung von Gütern und Dienstleistungen haben. Der Begriff beinhaltet verschiedenste Formen: vom kommerziellen, profitorientierten Car-Sharing über Second Hand-Marktplätze bis hin zum Bücherverleih in Bibliotheken und nachbarlichen nicht-kommerziellen Verleihinitiativen. Innovative Mietkonzepte, Tausch- und Verleihplattformen, Vermittlungsbörsen für geteilte Güternutzung und vieles andere mehr sind Ausdruck einer neuen Ökonomie des Teilens, die für einige den Übergang von einer Kultur des Ego-Konsums zu einer Kultur der Zusammenarbeit (Dönnebrink 2014), für andere hingegen die zunehmende Kommerzialisierung privater Lebensbereiche repräsentiert (Staun 2013).

Je nach Sichtweise und Kompetenzstatus eines Autors bzw. Wissenschaftlers wird der Begriff Sharing Economy oder Share Economy allerdings unterschiedlich definiert. Ersichtlich sind aber drei wesentliche Ähnlichkeiten bei den Definitionsausarbeitungen. Zum einen wird eine Ausprägung der Sharing Economy identifiziert, die erzielt, dass eine Verlängerung der Nutzungsdauer von materiellen Gütern durch Tausch, Verschenken und vor allem Weiterverkauf gefördert wird. Dabei wird die Nutzung des (gebrauchten) Gutes an den Eigentumswechsel geknüpft. Außerdem unterscheidet man die Nutzungsintensität von materiellen Gütern, indem Dritten ohne Eigentumserwerb ein temporäres Nutzungsrecht, mit oder ohne Entgelt, an dem Gut eingeräumt wird. Ebenfalls wird der Handel mit oder Tausch von immateriellen Gütern wie beispielsweise Dienstleistungen im Gesundheitswesen meistens jenseits konventioneller Dienstleistungsmärkte betrachtet (Botsman und Rogers 2011; Andersson et al. 2013; Schor und Fitzmaurice 2015). Begonnen hat dieser internetgestützte „sharing turn" (Grassmuck 2012) mit dem Teilen digitaler Medien, etwa auf einer Plattform wie Napster. Später sind Plattformen dazugekommen, die die geteilte Nutzung materieller Güter wie Werkzeuge, Spielzeug, Unterkünfte, Fahrzeuge und so weiter zu geringen Transaktionskosten ermöglichten (Botsman und Rogers 2011).

Da der Umgang und das Nutzen von Produkten sich in den letzten Jahren deutlich verändert hat, hat sich auch die Kultur des Teilens durch die Entwicklungen unterschiedlicher Branchen verbessert. Der Trend Produkte zu teilen, anstatt sie zu besitzen hat in den letzten Jahren deutlich zugenommen. Des Weiteren ist „Sharing Economy" auch ein Begriff für viele Wirtschaftsmodelle, welche sich mit dem gemeinschaftlichen Nutzen von Gütern und Dienstleistungen beschäftigen. Es handelt sich hierbei um digitale Plattformen, die von Unternehmen entwickelt wurden, um einen gemeinsamen Austausch zu organisieren (Kurtin 2018). Vorreiter für die offizielle Anwendung des Begriffs war ebenso die CEBIT, welche „Shareconomy" 2013 als eigenes Motto einsetzte. Hierbei ging es darum die Veränderung des gesellschaftlichen Verständnisses darzustellen. Beispiele für das Teilen von Produkten sind u. a. Musikportale, in denen es darum geht, ein bestimmtes Produkt für einen begrenzten Zeitraum zu nutzen, aber nicht dauerhaft zu besitzen. Insbesondere in der IT-Welt werden bestimmte Serviceangebote wie Service as a Service (SaaS), Platform as a Service (PaaS) oder Infrastructure as a Service (IaaS) immer mehr verwertet (Parbel 2012). Die Folge ist eine Intensivierung des Informationsaustausches und ermöglicht den Menschen einen viel einfacheren Zugang zu Erkenntnissen und Wissen. Auch aus politischer Sicht ist dieser Trend noch aufzuarbeiten. Hierzu dient ein Leitfaden des Projektes, welches im Jahr 2016 vom Bundesministerium für Bildung und Forschung (BMBF) gefördert wurde und sich mit dem Thema „Peer-Sharing", also dem Teilen von Dingen zwischen Privatpersonen auseinandersetzte (Behrendt et al. 2018). Es sollte einerseits die konzeptionelle Erfassung und andererseits die praktische Bestandsaufnahme ermöglichen, da zum jetzigen Zeitpunkt wenig abgeschlossene Studien existieren (Deutscher Bundestag 2016).

Teilen ist das neue Besitzen und ebenso eine soziale Handlung, welche üblicherweise zwischen vertrauten Personen stattfindet. Durch die Entwicklungen des Internets und der Verbreitung digitaler Netzwerke kam es jedoch zu einem Wandel des ursprünglichen Teilens. Ziel von Share Economy ist es, eine neue Form der sozialen Interaktion und einem neuen Umgang mit Dienstleistungs- und Angebotsstrukturen digitaler Medien zu ermöglichen (Jaeger-Erben et al. 2017). Aktuell werden zudem Begriffe genutzt, wie das „ökonomische Teilen" und „Collaborative Economy". Diese beschreiben den Vorteil aus ökonomischer und ökologischer Sicht ein Produkt nicht dauerhaft zu besitzen. Dadurch, dass der Begriff „Sharing Economy" zum aktuellen Zeitpunkt noch nicht einheitlich definiert ist, sehen sich viele Branchen als ein Teilnehmer der Share Economy (von Stokar et al. 2018).

**Entwicklungsstufen der Share Economy**

In einer Share Economy geht es darum Dinge deutlich effizienter zu nutzen und weniger um den Profit der Marktpartner untereinander. Im Bereich der Nutzung eines Produktes gibt es die Möglichkeit zu verschenken, zu tauschen oder weiter zu verkaufen. Ebenfalls ist eine weitere Ausprägung, dass man das Gut nicht nur länger, sondern auch intensiv bzw. anders nutzen kann. Sharing kann zudem in unterschiedlicher Art und Weise durchgeführt werden. Einerseits zwischen Unternehmen und Privatpersonen, nach dem Konzept Business-to-Consumer, oder zwischen zwei Unternehmen selbst, also nach dem Konzept Business-to-Business. Weiterhin kommt es darauf an, wer mit wem teilt, so gibt es größere Initiativen welche sich auf das globale Teilen beziehen und kleinere Plattformen, welche sich auf das Teilen unter Privatpersonen beschränken (von Stokar et al. 2018). Dabei gibt es die Unterformen Co-Using, Verleihen und Vermieten. Es wird jedoch typischerweise zwischen Peer-to-Peer (P2P), Business-to-Consumer (B2C) und Business-to-Business (B2B) Modellen unterschieden. Die Struktur des Peer-to-Peer-Modells der Sharing Economy umfasst Anbieter und Nachfrager, welche über eine Plattform zusammengeführt werden. Diese Modelle weisen niedrige Transaktionskosten und hohe Skalenerträge auf. Die variablen Kosten der Organisation der Vermittlung per Smartphone-App liegen nahezu bei null, nachdem die Anfangsinvestitionen – die Erstellung der App und der dazugehörigen Infrastruktur – getätigt wurden. Das weltweite Ausrollen solcher Geschäftsmodelle ist mit hohen Skalenerträgen verbunden, die rasches und exponentielles Wachstum ermöglichen. Nach der Wirtschafts- und Finanzkrise lässt sich eine Veränderung in den Präferenzen der Menschen beobachten, die zu höherer Akzeptanz der neuen Geschäftsmodelle führt. Die Gesellschaft empfindet das Nutzen tendenziell wichtiger als das reine Besitzen. Die Sharing Economy ist eine Entwicklung, die weiterhin neue Geschäftsmodelle aufzeigen wird und deshalb nicht als Modeerscheinung definiert werden kann (Dervojeda 2013; Deutsches Ärzteblatt 2013; Demary 2015).

Es ergeben sich überblickshaft die folgenden Möglichkeiten bei der Share Economy:

- **Verschenken:** Dauerhaftes Überlassen eines Produktes, welches selbst nicht mehr genutzt wird (Beispiele: Foodsharing, Ebay, Freecycle etc.).

- **Tauschen:** Hierbei werden Produkte gegen andere Produkte, oder Dienstleistungen gegen Dienstleistungen getauscht („recirculation of goods"). Als Basis hierfür können bereits schriftliche oder mündliche Verträge erstellt werden, welche den Tausch des Produktes absichern (Beispiel: Freecycle, die Tauschbörse, dein.nebenan.de).
- **Weiterverkaufen:** Verkauf eines Produktes zu einem bestimmten Wert. Dieses wird durch den Eigentümer nicht mehr benötigt, aber auch nicht entsorgt, sondern kann von jemand anderem zu einem günstigeren Preis, als dem Originalpreis, käuflich erworben werden (Beispiele: Ebay, Kleiderkreisel, Shpock-Flohmarkt, mobile.de etc.).

Um ein Gut nicht nur länger, sondern auch intensiver zu nutzen, gibt es noch weitere Formen des Peer-to-Peer Sharing (siehe auch Abb. 1.2):

- **Co – Using:** Co-Using bedeutet, dass ein Produkt nicht dauerhaft an jemand anderes weitergegeben wird, sondern es trotz eigener Nutzung gleichzeitig noch mit anderen geteilt wird (Beispiele: Couchsurfing, Wundercar etc.).
- **Verleihen:** Zeitlich begrenzte Nutzung eines Gegenstandes ohne Bezahlung (Beispiele: Fairleihen).
- **Vermieten:** Zeitlich begrenzte Nutzung eines Gegenstandes gegen Bezahlung (Beispiele: Airbnb, Fewo etc.)

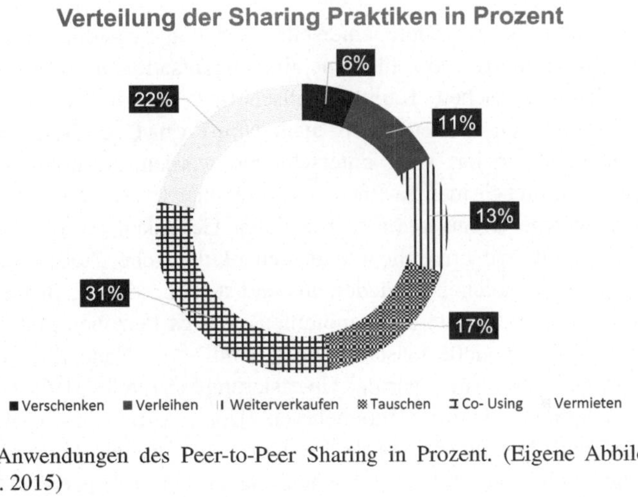

**Abb. 1.2** Anwendungen des Peer-to-Peer Sharing in Prozent. (Eigene Abbildung nach Scholl et al. 2015)

Anhand der unterschiedlichen Formen und den damit verbunden Angeboten wird die Vielfältigkeit der Sharing-Modelle deutlich. Eine große Anzahl an Organisationen sehen sich im Bereich dieser Branche und beeinflussen damit auch die deutsche Marktwirtschaft. In einer Datenbank der Peer-Sharing Bestandsaufnahme in Berlin 2015 wurden 79 Plattformen, allein im deutschsprachigen Raum, erfasst (Scholl et al. 2015). Die Ergebnisse dieser Arbeit ergeben, dass die Hauptgründungszeit in den Jahren 2010 bis 2012 lag, danach flachte die Gründungsphase neuer Portale wieder ab. Von den 79 Plattformen entstanden 44 in Deutschland, was einem prozentualen Anteil von 56 % entspricht. Ein Großteil der Firmen besitzen Tochtergesellschaften in Deutschland. Eine genaue Darstellung der beteiligten Organisationen wurde anlässlich der CEBIT 2013 erstellt. In dieser wird ersichtlich welche Sharing-Angebote es gibt und nach Branchen die Share Economy unterteilt wird. Hierbei wurden sie in unterschiedliche Bereiche eingruppiert, wie beispielsweise Wohnen, Reisen, Mobilität sowie Tauschbörsen und schlussendlich mit den jeweiligen Anbietern dargestellt. Sharing Economy ist ein dynamisch wachsender Markt ist, der sich in den letzten Jahren deutlich weiterentwickelt hat. Die Konsumbereiche lassen sich mittlerweile aufteilen in Mobilität (29 %), Gebrauchsgegenstände (24 %), Reisen/Übernachten (9 %), Kleidung (8 %), Medien (6 %) und Ernährung (3 %) (Bundesministerium für Bildung und Forschung 2016). Erfolgreiche und bedeutsame Plattformen wie Ebay, Uber oder Airbnb haben ihren Hauptsitz in den USA oder wie Baidu oder Alibaba in China. Bei allen scheinbar kostenfreien Plattformen gilt der Sharing-Grundsatz: „If you do't pay für the product, you are thr product."

Insgesamt sind die Angebote einerseits sehr unterschiedlich und andererseits auch sehr vielfältig, obwohl nicht alle Organisationen soziale Ziele verfolgen. Es kann zwischen Kapitalgesellschaften mit hoher kommerzieller Orientierung unter den Anbietern, als auch Non-Profit-Organisationen, welche zum Teil spendenfinanziert sind, unterschieden werden. Aufgrund einer Vielzahl an Anbietern und Firmen ist für den Verbraucher teilweise nur noch schwer zu erkennen, welche Organisation den sozialen Gedanken verfolgt, intensivere Gemeinschaftserlebnisse ermöglicht und sich ökologische Zielsetzungen setzt. Dies löst Kritiken an solchen Modellen aus und stellt bestimmte Share Economy Modelle infrage. Ebenfalls wird angenommen, dass es Personen gibt, die eigene bewährten Geschäftsmodelle massiv bedroht sind – die Neue Zürcher Zeitung NZZ schreibt über die „Angst vor der Uberisierung" (Seittele 2016). Das Grundprinzip der „digital matching"-Unternehmen (Uber, Airbnb usw.) ist, dass Sie selbst keine Dienstleistungen anbieten, sondern eine digitale Vermittlungsplattform für die leichte und schnelle Abwicklung von peer-to-peer-Transaktionen zwischen Anbieter und Nutzer ermöglicht. „Wie eine dünne Schicht legt sich Uber als Plattform zwischen zwei Personen, von der einer eine Leistung anbietet und der andere sie nutzt. In großen Teilen der Welt hat Uber sich innerhalb weniger Monate stark verbreitet. Dahinter steckt mehr als nur ein neuer digitaler Trend. Die Zukunft der Arbeit wird gerade programmiert (Stegemann 2016). Inzwischen stoßen die „collaborative consumption"-Anbieter, wichtige Antreiber der Sphäre der „shareconomy" und des geteilten Konsums, vielerorts auf Widerstand. Kritiker nennen das Geschäftsmodell ein Angriff auf rechtliche Rahmenbedingungen und untergrabe Arbeitnehmerrechte ebenso wie Qualitätsstandards. Im Fall Airbnb wird hinterfragt, ob es sein darf, dass über die Deklarierung als Ferienwohnungen massenhaft normale Unterkünfte dem Wohnungsmarkt und Mieterschutz entzogen werden. Im Fall Uber wird ermittelt, ob das Personenbeförderungsrecht ausgehebelt wird und die Fahrer nicht doch als Angestellte bezeichnet werden können. Otto, Hegedüs, Kasper, Kofler und Kunze kritisieren offen, dass folgende Fragestellungen im Bereich der Uberisierung noch Bedarf haben (Otto et al. 2017): Offen ist, wie die Gesetzgeber mit der Thematik umgehen werden – Reaktionen reichen von Deregulierung über Nichtstun bis hin zu massiver Regulierung des Marktes. Was die neuen Angebote bei den traditionellen Produkten, Diensten und Anbietern verändern. Und, ob die neuen Anbieter die Kritik entkräften können – und zwar real, nicht nur medial.

## 1.3   Share Economy im Gesundheitswesen

Das Gesundheitssystem steht beispielsweise durch die Demografie, die Arbeitskräfteknappheit sowie außerordentliche fachliche Herausforderungen unter Druck. Außerdem ist das Gesundheitssystem durch vielfältige Gesundheitsreformen gekennzeichnet. Das Share-Economy-Modell ist bereits in vielen Branchen ein Thema und lässt vermuten, dass dieses Konzept auch im Gesundheitswesen eine Rolle spielen könnte. Organisationen wie „PatientsLikeMe" setzen auf eine Zusammenarbeit zwischen Betroffenen und gegenseitigem Datenaustausch. Durch die Bereitstellung von gesundheitlichen Daten sollen Patienten ein besseres Gesundheitsbewusstsein bekommen. Es ist also durchaus möglich, mithilfe einer Breite von Daten, die Forschung voranzutreiben. Share Economy im Gesundheitssektor definiert eine andere Form des Teilens als in vielen anderen Branchen. Es geht hierbei nicht um das Teilen bestimmter Güter, sondern um den Austausch von Daten und um das Einbeziehen der Patienten. Diese werden ein Teil der Wissenschaft und der medizinischen Forschung. Durch eine Vielzahl von Daten sowie den Erfahrungen der Patienten bezüglich einer Krankheit soll die

Forschung neue Ergebnisse erhalten, um das Leben von Patienten zu verbessern. Das Teilen und die anschließende Analyse von Gesundheitsdaten soll eine Verbesserung der Gesamtgesundheit erreicht werden. Neue Technologien könnten es außerdem ermöglichen die wissenschaftlichen Ergebnisse miteinander zu verknüpfen. Weiterhin bewirken sie, dass Patienten ihren Körper besser verstehen. Veränderungen des Körpers können gemessen werden und es entsteht eine Vernetzung, die es denkbar macht, sogar biologische Ergebnisse im Netzwerk zu teilen. Ziel ist es, auf diesem Weg neue Forschungsergebnisse zu gewinnen und ein besseres Leben mit Erkrankungen führen zu können (PatientsLikeMe 2018).

Diese Umsetzung wird von Non-Profit-Organisationen realisiert, welche maßgeblich an der Forschung und der Auswertung gesundheitlicher Daten interessiert sind. Es handelt sich um Organisationen wie „PatientsLikeMe", „Vitabook", „Lifetime", dem Start-up „Ada", die unter anderem von Krankenkassen finanziert werden können und für den Endverbraucher teilweise ohne Nutzungsgebühr zur Verfügung stehen. Die Intention von Share Economy, in Bezug auf Gesundheit, verfolgt nicht den wirtschaftlichen Profit, sondern bewirkt es die Gesundheit der Bevölkerung zu verbessern. Die Forschung soll unterstützt werden und die Medizin wird durch eine Vernetzung für den Konsumenten immer transparenter (Heise und Axt-Gadermann 2018). Dies könnte bewirken, dass resultierende Ergebnisse, des dritten Gesundheitsmarktes zum Ersten Gesundheitsmarkt zurückführen und bestimmte Therapiekonzepte zukünftig durch die GKV oder PKV übernommen werden können.

Ähnlich wie das Peer-to-Peer Sharing bei Airbnb oder Uber funktioniert, könnte es ebenso zu einer „Uberisierung im Gesundheitswesen" im Gesundheitswesen kommen.[1] Das sogenannte Uber-Prinzip, die Plattformökonomie, die viel darstellt als nur eine App, verändert den Arbeitsbegriff, vermischt private Hilfe und Schwarzarbeit, ändert das Verständnis und die Regelung von Monopolen (Stegemann 2016).

Ein beachtungsstarker Punkt wird auch sein, dass das Gesundheitswesen von den neuen Möglichkeiten lernen kann. Denn die digitalen Vermittlungsplattformen zeigen auch Potenziale besserer Organisation etablierter Versorgungsformen im Sozial- und Gesundheitswesen. Sind personenbezogene Dienstleistungen als Ausschlusskriterium zu betrachten, muss ebenfalls thematisiert werden. On-demand-Angebote bieten meist homogene, leicht

---

[1]Der Begriff wurde vom Autor bereits vor ein paar Jahren bei einem Vortrag verwendet und diskutiert: Matusiewicz D (2017): Uber in der Gesundheitswirtschaft – übernehmen neue Player das Kommando?, 13. Gesundheitswirtschaftskongress, 21.09.2017, Hamburg.

zu vermittelnde und auf klar definierte Kundensegmente ausgerichtete Güter an. Bei personenbezogenen Diensten ist dies schwieriger. Es gibt kein homogenes Gesundheitsgut, ebenso wenig wie die Kundengruppe. Wie kann dabei ein entsprechender Beratungsbedarf bei den Onlineanbietern umgesetzt werden? Gibt es bei dieser Form eine Oligopolisierung? Es zeigen sich in der Plattform-Ökonomie schnelle Konzentrationsprozesse. Einzelne verbliebene Plattformanbieter bestimmen allein über Angebotsspektrum, Vergütung usw. Die Uberisierung kann dabei den Plattformen Macht über den Menschen geben und mehr Einzelpersonen zu Unternehmern mit unserem Eigentum werden, wobei eine lückenlose Überwachung und Bewertung durch eine Plattform ablaufen wird. Stegmann betont beispielsweise, dass die neue Form der Arbeit viele Vorteile bringt und die Plattformökonomie große Komfortgewinne bereitet, die wir alle gerne nutzen. Er fügt aber an, dass diese Vorteile mit Dumpinglöhnen und schlechten Arbeitsbedingungen einhergehen (Stegmann 2016). Vor diesem Hintergrund muss gefragt werden: Wollen die Akteure im Gesundheitswesen den Internetunternehmen hierbei das Feld überlassen? Oder werden selbstorganisierte Alternativen – wie sie etwa als Plattform Cooperativism entwickelt. Denn diese könnten beispielsweise Plattformen durch Genossenschaften oder Non-Profit-Verbände betrieben werden. Unklar bleibt dabei, welche Folgen solche Entwicklungen für Angebote der Gesundheits- und Sozialunternehmen haben (Otto et al. 2017).

In Hinblick auf die gesellschaftlichen Auswirkungen der verschiedenen Ebenen, wie beispielsweise der sozialen Absicherung oder der Fachlichkeit oder des Beitrags zur Bekämpfung der Dienstleistungslücke, ist eine frühzeitige und breite Diskussion notwendig. Es wäre sinnvoll, wenn vor den Beurteilungen der Plattformökonomie oder der Einschätzung positiver und negativer Effekte eine wissenschaftliche Fundierung erfolgen würde. Chancen und Risiken der Plattformökonomie für das Sozial- und Gesundheitswesen müssen frühzeitig erkannt und mögliche Auswirkungen untersucht werden. Vertrauen, Qualität und Kontinuität haben im Bereich Humandienstleistungen eine größere gesellschaftliche Bedeutung als bei vielen anderen Plattformdiensten, sodass die Form der Uberisierung gut durchdacht werden muss (Otto et al. 2017, S. 14).

# Implikation für einen dritten Gesundheitsmarkt

## 2.1  Chancen und Potenziale

Der Dritte Gesundheitsmarkt beschreibt eine mögliche neue Säule des deutschen Gesundheitssystems. Eine wesentliche Chance des dritten Gesundheitsmarktes ist es, dass durch den Datenfluss im Gesundheitswesen mehr Informationen zur Verfügung stehen, die sowohl im Bereich der Prävention (Stichwort Präzisionsprävention) als auch im Bereich der Medizin (Stichwort: Präzisionsmedizin) zur Verfügung stehen. Zudem gewinnt der Austausch von gesundheitsbezogenen Daten an Bedeutung, indem Erfahrungen anderer Patienten genutzt und eigene Erfahrungen geteilt werden. So belegen unterschiedliche Studien, dass die Menschen immer mehr Vertrauen in die Digitalisierung haben und bereit sind gesundheitliche Daten zu teilen (YouGov 2015). Dies kann unter anderem mit Hilfe von Gesundheitsportalen erfolgen, in denen Gleichgesinnte miteinander kommunizieren sowie Gesundheitsdaten digital gekoppelt und den Behandelnden zur Verfügung gestellt werden. Primär handelt es sich nicht mehr nur um die Diagnostik und Therapie von Krankheiten und die Bekämpfung von Symptomen, auch der soziale Austausch unter Gleichgesinnten. Der gemeinsame Austausch, beispielsweise in Gesundheitscommunitys, zeichnet den dritten Gesundheitsmarkt ebenso aus, wie das Nutzen neuer Technologien. Die Rolle des Patienten ändert sich, sodass er mehr und mehr zum Kunden, bzw. zum gesundheitsorientierten Konsumenten wird (Zukunftsinstitut 2015).

Es werden zunehmend open-source Lösungen entstehen, die aus einer privaten Initiative zu einer größeren Lösung führen (Beispiel: PatientesLikeMe) und schließlich durch ein großes Funding vom dritten zum ersten Gesundheitsmarkt zurückwandern. Eine weitere Austauschmöglichkeit entsteht derzeit

© Der/die Herausgeber bzw. der/die Autor(en), exklusiv lizenziert durch Springer Fachmedien Wiesbaden GmbH, ein Teil von Springer Nature 2020
D. Matusiewicz, *Share Economy im Gesundheitswesen*, essentials,
https://doi.org/10.1007/978-3-658-31782-9_2

durch Plattformen wie ehemals healthbank. Die Gesundheitsdatenbanken enthalten Stammdaten, Krankengeschichten, Haupt- und Nebendiagnosen, alle Informationen über Behandlungs- und Therapiekonzepte, die medikamentöse Therapie, Laborwerte und viele weitere Daten. Auch Notfalldaten oder Informationen über das Vorhandensein einer Patientenverfügung sowie eines Organspende-Ausweises können in diesen Datenbanken festgehalten werden. Zusammenfassend stellt dies eine neutrale, unabhängige Plattform dar, die es Menschen aus der ganzen Welt ermöglicht hat Gesundheitsdaten auszutauschen (Healthbank 2018). Für die Behandler, Ärzte und Pflegedienste entsteht eine deutliche Erleichterung in Bezug auf die weitere Versorgung. Zudem können Fehl- oder Doppelbehandlung verhindert werden. Es wird deutlich einfacher gespeicherte Daten gemeinsam zu nutzen und sie immer wieder neu anzupassen, wie es derzeit schon der digitale Medikamentenplan ermöglicht. Therapien können somit stetig optimiert oder angeglichen werden und der Patient ist durch den Zugriff auf seine digitale Patientenakte, besser informiert (Vitabook 2018). Mittlerweile bieten auch Krankenkassen mit Hilfe von Gesundheitsdatenbanken, einen sicheren Austausch von Gesundheitsdaten an (Deutscher Ärzteverlag 2017).

Darüber hinaus kann die Entwicklung zu einer neuen „Gesundheitskultur" führen, sodass die klassischen Gesundheitsmärkte um neue Formen der Kollaboration erweitert werden, wodurch die Gesundheit zu einem Austauschgut wird. Es geht hierbei um das Prinzip der Selbstständigkeit durch unterschiedliche Sphären des Tauschens, Teilens und Verteilens (Wienke et al. 2009).

Die These, dass die Medizin nicht mehr nur präventive Maßnahmen, wie das Lindern von Symptomen und die Heilung von Krankheiten beinhaltet, sondern auch noch ermöglicht die menschliche Gesundheit zu optimieren, stellt ein großen Marktpotenzial dar. Der innovative Fortschritt und das veränderte Gesundheitsverständnis der Bevölkerung führen dazu, dass der engagierte Patient seine Gesundheit nicht mehr nur als einen Zustand betrachtet. Gesundheit wird zu einem immer größeren Thema, welches gemeinsam gemanagt wird. Auch Apps, Gesundheitscommunitys sowie Fitness- und Ernährungstrends führen zu dem Bedürfnis, die eigene Gesundheit nicht nur zu erhalten, sondern stetig zu verbessern (Repschläger et al. 2017). Die Bedeutung gesund zu altern und im Alter möglichst lange fit zu bleiben hat in einer Zeit, in der die Menschen immer älter werden, deutlich zugenommen. Diese Faktoren fördern das Bedürfnis der Verbesserung des eigenen Gesundheitszustandes. Inhalte dieser sind es körperlich fit, sportlicher, intelligenter sowie psychisch und physisch immer leistungsfähiger zu werden. Demzufolge geht es nicht mehr nur um das Ausbleiben von Krankheiten, sondern vielmehr um eine Art der Selbstoptimierung und dem

Ziel einer Gesamtgesundheit. Es gilt, stets das Beste für sich und für die eigene Gesundheit zu erreichen. Ein Begriff, welcher hierbei immer wieder auftaucht ist: Healthness. Die Suche nach Kraft und Lebensenergie sowie das Nutzen von Ressourcen, um trotz stressiger Lebenssituationen den Alltag gesund zu meistern nehmen einen hohen Stellenwert ein (Freericks und Brinkmann 2015). Der wachsende Druck durch die Gesellschaft kann zunehmend relevant für die Gesundheit der Bevölkerung werden. Zudem fördern sowohl spezifische, als auch ökonomische, kulturelle und historische Ursachen den Umgang der Gesellschaft was Gesundheitsförderung angeht (Duppel 2005). Ein weiteres Thema in Bezug auf die Kontrolle des eigenen Körpers und den Transfer ermittelter Daten, ist das sogenannte Self-Tracking. Diese Art der Selbstvermessung soll dazu dienen, gesundheitsbezogene Daten mithilfe neuer Technologien selbstständig festhalten zu können. Grundsätzlich ist die Überwachung des Körpers sowie die Aufzeichnung und Analyse von Gesundheitsdaten eine wissenschaftliche Herangehensweise, um die Verbesserung eines Zustandes zu erzielen. Die Motivation wird weiter durch den Vergleich anderer Nutzer gefördert (Oehrl 2016). Den größten Einfluss auf die menschliche Gesundheit haben jedoch vor allem Faktoren wie Bildung, Umwelteinflüsse, Werte und Erwartungen an die eigene Gesundheit, sowie dem Angebot an Gesundheitsdienstleistungen, also dem Zugang zu Gesundheit. Sind diese Faktoren gegeben, dient eine gesunde Ernährung, körperliche Fitness, Gesundheitsprävention und eine individuelle Versorgung von Krankheiten oder Symptomen dazu, die bestmögliche Gesundheit zu erzielen. Studien ergaben, dass in Deutschland die Zahlen der Menschen, welche ihre Lebensweise als gesundheitsfördernd ansehen, deutlich gestiegen sind. Vor zwanzig Jahren behaupteten dies 24 % der Bevölkerung von sich, aktuell sind es bereits 32 %. Weiter äußerten 85 % der deutschen Bevölkerung an gesunder Lebensweise und Ernährung interessiert zu sein. Weitere 33 % wären auch bereit dafür deutlich höhere Ausgaben zu tätigen. Gesundheit wird zunehmend als wichtige Ressource betrachtet, die es aufrecht zu erhalten gilt (Zukunftsinstitut 2015).

Als wesentlicher Vorteil wurde im Rahmen der Primärdatenerhebung die Chance auf Forschungsförderung beurteilt. Dieses ist aus verschiedenen Gründen anzunehmen, weil die Forschung im Gesundheitsbereich oftmals über Daten verfügt, diese aber nicht zu Forschungszwecken verwenden darf oder aber die einzelnen Akteure nicht zusammenarbeiten, sodass ein Pool an unverbrauchten Daten besteht. Dieses könnte sich durch Share Economy ändern. Vor allem Kranke mit besonderen und unerforschten Erkrankungen können dadurch für sich selbst einen Mehrwert generieren, weil sie entweder von Erfahrungsberichten profitieren können oder aber selbst in die Forschung mit einsteigen können. Neben diesem

Aspekt wird es für Kranke und Gesunde gleichermaßen ein lukratives Angebot sein, Geld für Daten zu erhalten, da finanzielle Mittel oder Leistungen immer vorteilbehaftet sind. Außerdem wird der Vorteil angesprochen, dass Menschen andere Menschen durch Share Economy zur Selbsthilfe verhelfen bzw. diese Eigenmotivation gefördert wird. Vor allem der positive Effekt, dass Menschen ihre Hilfsbereitschaft darstellen, kann ebenfalls zu mehr Tauschaktionen führen. Es hilft also den Kranken sich selbst durch Erfahrungen zu heilen bzw. gesundheitlich zu unterstützen und andererseits Gesunden ein emotionales positives Gefühl anderen zu helfen zu geben. (Spermann und Eichhorst 2015; Deutsche Leasing Gruppe 2018).

Der Dritte Gesundheitsmarkt basiert auf den aktuellen Entwicklungen der Gesundheitsbranche und ermöglicht eine Wissensdatenbank, die sowohl einen Fortschritt für die medizinische Forschung, als auch die Pharmaindustrie darstellt und stellt damit einen Zukunftstrend dar (GfK Verein 2015). Grundsätzlich sind beide auf Daten angewiesen, welche Erkrankungen betreffen, als auch über den allgemeinen Gesundheitszustand. Eine Datenbank mit medizinischem Wissen, an dem auch der Patient maßgeblich beteiligt ist, kann somit einen großen Fortschritt für die medizinische Forschung darstellen (Detterbeck und Pöttgen 2009). Neben dem Erfolg für die Forschung kann der Dritte Gesundheitsmarkt auch einen hohen Nutzen für die Prävention haben. Sowohl durch Self-Tracking, als auch durch die Unterstützung der Politik könnten Nugding-Ansätze verfolgt werden, die das Gesundheitsbewusstsein der Bevölkerung beeinflussen. Aufgrund des Austausches von Gesundheitsdaten können Versicherer den Konsumenten deutlich einfacher erreichen und individueller auf Präventionsmaßnahmen hinweisen (Meier und Ziegler o. J.).

Weiterhin lässt sich feststellen, dass eine gute Vernetzung zwischen Arzt und Patient dazu führt, dass eine bessere Versorgung stattfinden kann. Der Patient hat die Chance sich zukünftig sowohl über Krankheiten, als auch deren Verläufe zu informieren und diese somit besser verstehen zu können. Dies erfolgt durch den Austausch mit Gleichgesinnten, als auch über das Speichern und Messen der eigenen Gesundheitsdaten. Durch das Koppeln dieser Daten besteht die Möglichkeit, dass sowohl Kostenträger, als auch Leistungserbringer und die Patienten gleichermaßen darauf zugreifen können und somit eine deutliche Verbesserung einer individuellen Behandlung gewährleistet werden kann. Insbesondere für Chroniker stellt ein gemeinsamer Datenaustausch eine massive Verbesserung dar. Hier können verschiedene Evaluationsergebnisse einen Anreiz schaffen, die eigene Krankheit aktiv zu managen und mehr Souveränität zu erlangen. Die Grundlagen sind also Systeme, die es ermöglichen, Transparenz für einen strukturierten Informationsaustausch und die Sicherheit der Daten zu gewährleisten (Kranzer 2007).

In der Vergangenheit waren die Informationskanäle eindimensional. Im Gegensatz dazu werden die künftigen Informationsflüsse mehrdimensional und netzwerkartig durch verschiedene Akteure im Gesundheitswesen organisiert. Folglich spielt insbesondere die Kommunikationstechnologie-Branche eine elementare Rolle im dritten Gesundheitsmarkt. Die klassischen Player, wie bspw. medizinische Berufsgruppen, Versicherungen und Pharmatherapeuten werden durch Gesundheitsportale, Communitys und Plattformen ergänzt. Wie bereits in der Einleitung verdeutlicht existieren vermehrt open-source Lösungen, die private Initiativen skalieren. Auf verschiedenen Gesundheitsportalen und Plattformen tauschen sich die gesundheitsorientierten Verbraucher untereinander aus – und das ohne die Einbindung klassischer Gesundheitsplayer. Die steigende Anzahl an Gesundheitsportalen und Communitys führt zu einem Gesundheitssystem, welches einem Peer-to-Peer-Austausch gemeinschaftlich gestaltet wird und damit auch einen Wettbewerb und einen Handlungsdruck auf das etablierte Gesundheitssystem aufbaut. Sogenannte Open Health-Plattformen sind neuartige und leistungsfähige Opportunitäten für eine gemeinsame effektive Sammlung von Wissen zwischen Patienten, Gesundheitsexperten, Wissenschaftlern und weiteren Stakeholdern der Gesundheitswirtschaft (Kuenne et al. 2013). Mit der Unterstützung von sogenannten Open-Health-Plattformen können darüber hinaus sowohl kranke als auch gesunde Menschen Informationen über medizinische Themen sammeln und ihre Erfahrungen mit anderen Nutzern der Plattform teilen. Des Weiteren agieren diese Plattformen als Intermediäre und können den Austausch von Wissen und Ideen zwischen den verschiedenen Akteuren der Gesundheitsbranche unterstützen. (Kuene und Agarwal 2015). Beispiele sind die vorgestellten Gesundheitsportale, die einen qualitativen Erfahrungstausch ermöglichen. Zusammenfassend kann festgehalten werden, dass Open Health-Plattformen verschiedene Intentionen haben, angefangen beim Austausch von Informationen und Wissen in Communities bis hin zur gemeinsamen Entwicklung von Innovationskonzepten zur Lösung spezifischer Probleme im Gesundheitswesen. (Kuenne et al. 2013) Das Prinzip der partizipativen Gesundheit bietet mehr Vertrauen seitens der Patienten und Konsumenten, mehr Wirtschaftlichkeit durch geteilte Anschaffungskosten und mehr Transparenz durch eine offene Kommunikationsstruktur. Auch klassische Player, wie Unternehmen und Forschungseinrichtungen agieren verstärkt mit neuen Zielen und Strategien auf eine offene Gesellschaft und lassen die Idee einer demokratisierten Gesellschaft – „open health“ – realisieren.

Die Top 5 Chancen und Potenziale des dritten Gesundheitsmarktes sind in der zusammenfassend über alle Ergebnisteile zusammengefasst:

- Zugang zu innovativen Gesundheitsservices und Leistungen
- Steigerung der Souveränität des Individuums
- Erhöhung der Gesundheits- und Datenkompetenz
- Erhöhung des Wettbewerbs und Drucks im ersten und zweiten Gesundheitsmarkt
- Partielle Unabhängig von der Infrastruktur des jeweiligen Gesundheitssystems

## 2.2     Grenzen und Risiken

Die Grenzen und Risiken des dritten Gesundheitsmarktes sind vielfältig. Zum einen ist das Thema weitestgehend unbekannt und das Thema beinhaltet ein hohes Abstraktionslevel, was das Verständnis des dritten Gesundheitsmarktes erschwert. Darüber hinaus ist von einer Blockade der bisherigen Akteure (Selbstverwaltung) auszugehen, da hier ein Machtverlust damit assoziiert werden könnte. Insgesamt finden Veränderungen in der Versorgungsrealität – trotz Reformbemühungen – eher langsam statt und drohen schnell wieder überholt zu werden (Harms et al. 2008). Das zentrale Merkmal für die gegenwärtige und künftige Gesundheitsbranche stellt das „Vertrauen" dar. Die derzeitige Struktur in den ersten und zweiten Gesundheitsmärkten befindet sich aufgrund mangelnder Einhaltung von Qualitätsstandards, des steigenden technischen Fortschritts und der Motive der klassischen Gesundheitsvertreter in einer Vertrauenskrise. Der Mensch fordert mehr Transparenz, Informationen und Datensicherheit. Insbesondere gilt dies für die Akteure im öffentlichen und privaten Sektor des Gesundheitswesens. Das mangelnde Vertrauen in die Transparenz der Gesundheitsversorgung hat zur Folge, dass die Gesundheitskonsumenten nach alternativen Informations- und Bezugsquellen suchen und sich folglich die Share Economy entwickelt. Der Patient vertraut seinem Arzt nicht mehr bedingungslos, wie in der Vergangenheit, sondern sieht ihn verstärkt als Dienstleister. Im Gegensatz zu dem Vertrauen, was früher Autoritäten wie Ärzten entgegengebracht wurde, wird dieses heute in Daten und Informationen gelegt. Grund dafür ist der Wunsch der Patienten nach mehr Transparenz, Selbstverwaltung und Ehrlichkeit hinsichtlich ihrer Gesundheit und der damit zusammenhängenden Daten. Dieser Wunsch wird sich umso stärker äußern, je massiver die Digitalisierung voranschreitet. Die Frage, die sich die verantwortlichen Akteure stellen müssen, besteht darin, ob der Patient in der Lage sein wird, bei der Menge an verfügbaren Informationen das für ihn relevante Wissen zu erfassen. Das Vertrauen in die vielfältigen Akteure, Plattformen und Informationsquellen ist das elementare Merkmal. Der Zweifel an medizinischer Expertise und der persönlichen Lebenswelt stellt die Gesundheitsversorgung vor die Herausforderung, den Gesundheitsmarkt zugleich als Vertrauensmarkt zu sehen und in diesen zu investieren. Realisiert werden diese Anforderungen durch mehr Kollaboration, Offenheit, Transparenz und Empathie als Lösungsweg für die existierende Problemstellung (Philips Gesundheitsstudie 2015).

Weitere Herausforderungen sind beispielsweise der hohe Aufwand damit datenschutzrechtliche Rahmenbedingungen eingehalten werden können und Missbrauchsfälle sowie Hackangriffe vermieden werden können. Dieses Risiko wird auch aus anderen Publikationen entnommen und löst in der Gesellschaft einen negativen Gedanken aus. Um diese Hürden zu überwinden, benötigt der Mensch genaue Aufklärung und Transparenz, was die Aufbringung von personellen, zeitlichen und finanziellen Ressourcen für das Land bedeutet (Loske 2019; WiWo 2015; Haucap 2015). Das genannte Risiko, dass die Daten nicht der Echtheit oder der notwendigen Qualität entsprechen ist ein wichtiger zu bearbeitender Aspekt. Die Menschen müssen demnach geschult werden, die Messungen der zu erhebenden Daten richtig durchzuführen. Dieses wird für die Bevölkerung erstmal eine Hürde darstellen, weil es Zeit in Anspruch nehmen wird, die Daten sorgfältig zu bearbeiten und verfügbar zu machen. Ebenfalls könnte es auch in einzelnen Datensätzen dazu kommen, dass nur die Gesunden ihre Daten veröffentlichen und somit kein Mehrwert für Forschungszwecke entnommen werden kann. Die ebenfalls genannte Herausforderung, dass die Menschen, die nicht die ausreichende Bildung besitzen, eine Informationsflut gar ein Chaosgefühl empfinden und mit den Daten überfordert sind, muss beachtet werden. Menschen können durch zu viele Informationen Ängste und Selbstzweifel entwickeln, was dem gesundheitlichen Zustand Schaden zufügen kann. Ebenfalls spricht dieser Punkt für die Befürchtung, dass Ärzte Mehraufwand durch Share Economy bekommen werden, weil zu viel Patienten verunsichert sein könnten. Vor allem Personen, die nicht aus dem Gesundheitswesen können, können schnell verunsichert werden und zum Dauergast für den Hausarzt werden. Dafür wäre es wichtig, dass die Menschen eine gewisse Anleitung erhalten und eine Filter- sowie Kategorie- und Bewertungsfunktion. Außerdem wäre es vorteilhaft, die bereitgestellten Daten immer mit mehreren Personen mit unterschiedlichem Bildungsstand und Berufsstand einzusehen und zu besprechen. Die Hinterfragung von Daten kann sonst folglich gesunde Menschen krankmachen. Das Ausmaß ist heute noch nicht abschätzbar. Weiterhin muss bei der neuen

Möglichkeit bedacht werden, dass nicht jeder Bürger die gleichen finanziellen Mittel aufbringen kann, um sich an der neuen Möglichkeit des Datenaustausches und der Informationseinsicht beteiligen zu können. Es entsteht also, wie in allen anderen Bereichen auch, eine gewisse Ungerechtigkeit und Benachteiligung von sozial schwächer gestellten Personen. Ebenfalls hat eine Studie gezeigt, dass die Gesellschaft die Zusammenarbeit und Kooperationsbereitschaft der Akteure anzweifelt und als Nachteil beurteilt, dieses wird gleichsam als Risiko genannt, unabhängig von der Branche, wo Share Economy Anwendung findet (Feil 2016).

Es lässt sich festhalten, dass viele Veränderungen der letzten Jahre kaum aufzuhalten sind. Verschiedene Technologien und die Digitalisierung beeinflussen schleichend das Verhalten der Patienten. Sie informieren sich immer intensiver und befassen sich mithilfe des Internets über Krankheiten, als auch Behandlungsmöglichkeiten. Dies führt dazu, dass Patienten dem Arzt immer mehr auf gleicher Ebene begegnen und selbstständig Entscheidungen zu ihrer Behandlung treffen (Böcken, Braun und Meierjürgen 2016). Bekannt ist jedoch, dass Veränderungen zu Widerständen seitens der Akteure führen können. Dies resultiert unter anderem aus Ängsten, anderen Wertevorstellungen und Unwissenheit. Daher entsteht natürlich auch Kritik bezogen auf die Veränderung des Gesundheitsverhaltens (Eckhardt et al. 2014, Gröger 2014).

Auch die Verbraucherzentrale äußerte sich ebenfalls kritisch dazu, dass Kunden sensible Daten preisgeben müssen, um Rabatte bei den Versicherern zu erhalten. Laut dem Chef der Verbraucherzentrale, stellen solche Modelle mit Aussichten auf bessere Tarife eine Abkehr der solidarischen Versicherung dar (Süddeutsche Zeitung 2015). Ein weiterer Punkt ist das Erheben der Daten selbst und ob alle Generationen auch in gleichem Maße fähig sind diese zu erheben. Damit evidenzbasierte Werte für Forschungszwecke genutzt werden können, ist weiterhin sicherzustellen, dass die zusammengetragenen Daten auch valide sind. Doch das Wichtigste ist die Sicherheit. Um einen sicheren Austausch von Gesundheitsdaten für den dritten Gesundheitsmarkt zu gewährleisten, bietet das Gesetz für sichere digitale Kommunikation und Anwendungen im Gesundheitswesen genaue Vorschriften für die Einführung einer digitalen Infrastruktur. Laut dem Bundesministerium für Gesundheit ist es von hoher Bedeutung, dass zukünftig online Strukturen geschaffen werden und IT-Systeme dazu in der Lage sind die Kommunikation zwischen den Akteuren zu ermöglichen (Bundesministerium für Gesundheit 2018). Daher ergibt sich aus den aktuellen Entwicklungen, dass die Rahmenbedingungen für die Einführung eines dritten Gesundheitsmarktes, dessen Kernaufgabe den Austausch medizinischer Daten beinhaltet, auch weiterhin durch politische Maßnahmen gefördert werden muss und wesentliche

Rahmenbedingungen wie beispielsweise der Besitz der Daten geklärt werden müssen. Hierbei besteht zudem ein Risiko, dass die Daten privatwirtschaftlichen Unternehmen gehören, was den Widerspruch zur Gesundheit als Public Good steht.

Die Top 5 Grenzen und Risiken des dritten Gesundheitsmarktes sind in der zusammengefasst:

- Unbekanntheit und Desinteresse hinsichtlich der Share Economy im Gesundheitswesen (hohes Abstraktionslevel)
- Blockaden der bisherigen Akteure (Selbstverwaltung, rechtlicher Rahmen)
- Überlastung der Menschen im Sinne einer Konfrontation mit zu vielen Informationen
- Datenschutz und Datensicherheit (Hackerangriffe und Datenmissbrauch)
- Datensilos und Privateigentum der Daten statt open-source Lösung

## 2.3 Handlungsempfehlungen

Das deutsche Gesundheitssystem befindet sich durch den demografischen Wandel, die Digitalisierung und die Nachfragestruktur in einem Veränderungsprozess. Es existieren zwei Varianten zum Gesundheitsverständnis: das klassische Modell, nachdem der Patient von den Maßnahmen und standardisierten Prozessen der Medizin abhängig ist und das zukünftige Modell, demzufolge der Patient die Hoheit über seine Gesundheit besitzt und mehr Kollaboration, Transparenz und Wissensfreiheit fördert. Bei der Demokratisierung der Gesundheit liegt der Fokus auf individuellen Gesundheitslösungen und dem Menschen als Qualitätsmerkmal. Die Gesundheit wird aufgrund des Zusammenwirkens von verschiedensten Playern und der Integration von vielfältigen Kompetenzen zu einem offenen und partizipativen Gemeinschaftsmarkt. Sie nutzt alle Beziehungen, wie bspw. die unter den Patienten oder Gesundheitskonsumenten, das klassische Arzt-Patient-Verhältnis und die Zusammenarbeit von Profis und Laien aus dem ersten und zweiten Gesundheitsmarkt, um Gesundheitspotenziale optimal einzusetzen (Philips Gesundheitsstudie 2015). Wie sich der erste Gesundheitsmarkt zum zweiten und dritten Gesundheitsmarkt verhält, bleibt abzuwarten. In der Realität können diese nicht derart „schwarz-weiß" gegenübergestellt werden, da deren Grenzen verschwimmen. Die Übersicht hilft jedoch, das Kontinuum zwischen den einzelnen Märkten zu betrachten. Innerhalb der Transformation der Gesundheitsmärkte nehmen zudem weitere Begriffe, wie bspw. Medizin 4.0 oder Gesundheit 4.0, eine große Relevanz ein. Sie umfassen

u. a. eine neue Form der Kommunikation und Kollaboration zwischen Patienten, Gesundheitskonsumenten und Medizinern über das Internet. Als Beispiel können Health-Social-Networks genannt werden, die einen qualitativ hochwertigen Informationsaustausch erzielen. Auch das digitale Self-Tracking fördert die Idee eines Empowerments und somit die Selbstbestimmung und Verantwortung über die eigene Gesundheit – ohne die Unterstützung von den klassischen Playern im Gesundheitswesen. Die Demokratisierung des medizinischen Wissens und die verstärkte Digitalisierung im Gesundheitswesen ermöglicht dem Patienten aktives Mitbestimmen über ihre Gesundheit. Durch die Share Economy im Gesundheitswesen wird der Patienten zum Gesundheitskonsumenten, der dem Mediziner als „Gleichgesinnten" begegnet. Im Gegensatz dazu ist der Arzt umso mehr gefordert und gefragt, da im Internet jedem Interessierten Wissen und Leistungen angeboten werden, die früher nur Experten zugänglich waren. Die Aufgabe der Mediziner wird es sein, die relevanten und richtigen Informationen herauszufiltern und diese in das Alltagsverständnis zu übersetzen (Liebrich 2017).

Die vorliegende Analyse hat deutlich gemacht, dass der Begriff noch weitestgehend unbekannt ist, es aber gleichwohl bereits erste Geschäftsmodelle im Gesundheitswesen gibt (die sich vielleicht auch selbst nicht dem dritten Gesundheitsmarkt mangels Bekanntheit des Begriffes zuordnen). Hier ist weitere Forschung notwendig, um auch kritisch zu ergründen, ob der Begriff des dritten Gesundheitsmarktes überhaupt zielführend ist und auch Potenzial hat, um sich neben den beiden bisherigen Begriffen zu etablieren. Eine zentrale Rolle spielt das Thema Netzwerke und die Kommunikation zwischen den Akteuren, um eine verbesserte Datennutzung zu ermöglichen. Entwicklungsprozesse sollten demnach gemeinsam mit allen Beteiligten festgelegt werden, sowie Standards entwickelt werden, die es erleichtern eine digitale Gesundheitsversorgung praktisch umzusetzen.

Die partnerschaftliche Zusammenarbeit zwischen Arzt und Patient wird zum entscheidenden Qualitätskriterium der Gesundheitsversorgung und der demokratisierten Medizin. Als Unterstützung dienen Medical-Decision-Support-Systeme, um Informationen zu gewichten und basierend auf deren Grundlage Entscheidungen zu treffen (Heyen 2018). Die Zukunftsaufgabe wird es sein, den Patienten und seine Nachfragen mehr in den Fokus zu nehmen und seine Gesundheit in Kollaboration zu optimieren. Die Demokratisierung der Medizin bedeutet für die klassischen Gesundheitsakteure, sich intensiver mit dem Menschen – als Patienten und/oder Konsument – zu beschäftigen und seine Anforderungen in den Mittelpunkt zu stellen. Mit einer engen Vernetzung des Gesundheitswesens wird die ganzheitliche Versorgung mit einer patientenzentrierten Qualität realisiert.

**Tab. 2.1** Vergleich des ersten Gesundheitsmarktes mit dem zweiten und dritten Gesundheitsmarkt. (Eigene Darstellung)

| 1. Gesundheitsmarkt | 2. und 3. Gesundheitsmarkt |
| --- | --- |
| Analog | Digital |
| Data protection | Data sharing |
| Sektoral | Integral |
| Reguliert | Marktorientiert |
| Produktorientiert | Lösungsorientiert |
| Insellösungen | Plattformökonomien |
| Einzelanbieter | Partnerstrukturen |
| Kollektiv | Individuell |
| Kurativ | Präventiv (und optimiert) |
| Pay-for-disease | Pay-for-health |
| National | International |

In diesem Zusammenhang stellt die Demokratisierung der Medizin eine Vision des künftigen Gesundheitswesens dar (Langkafel 2018).

Zusammenfassend ist in Tab. 2.1 der Vergleich zwischen dem Ersten Gesundheitsmarkt und dem Zweiten bzw. dritten Gesundheitsmarkt aufgeführt, der von links nach rechts die Implikation für das deutsche Gesundheitswesen auf dem Weg zum dritten Gesundheitsmarkt darstellt.

In Tab. 2.1 ist das Gesundheitswesen heute und morgen aufgeführt.

Heute ist das Gesundheitswesen überwiegend analog und sektoral gegliedert, wobei in Zukunft zunehmend digitale Gesundheitsangebote Einzug in ein Gesundheitswesen finden werden, dass eher integral gestaltet wird. Das Sozialgesetzbuch ist maßgeblich für die Regulation des Gesundheitswesens verantwortlich braucht jedoch ein Update hinsichtlich der neuen digitalen Versorgungsmöglichkeiten (Matusiewicz et al. 2019). Das Ganze erfolgt wie auch im E-Commerce eher lösungsorientiert und weniger produktorientiert. Im Gesundheitswesen sind viele Lösungen im Gesundheitswesen in der Vergangenheit gescheitert, da es schwierig war, dass Industrie, Krankenkassen und Start-ups aus politischen Gründen zusammengearbeitet habe. Dies hat ändert sich in den letzten Jahren geändert. Durch die zunehmende Vernetzung und den Einzug neuer Player in der FAANG-Ära in den Gesundheitsmarkt werden Gesetzliche Krankenversicherung und staatliche Administration (auf der einen Seite sowie privat finanzierte Gesundheitsleistungen auf der anderen um eine Form der Zusammenarbeit erweitert. Einige der dargestellten Beispiele – darunter auch in Deutschland – zeigen, wie das

Individuum und über die Kommerzialisierung der Gesundheitsdaten einbezogen und zum Souverän wird. Kurzum: Der Einzelne kann mit seinen Gesundheitsdaten in Zukunft auch Geld verdienen. Diese könnten zu einer neuen Währung werden (Schegg und Matusiewicz 2018). Darüber hinaus entwickelt sich der Markt vom heutigen Fokus auf den Datenschutz (data security) zum Teilen von Gesundheitsdaten (Data Sharing). Die Akteure werden sich darauf einstellen müssen, dass das Gesundheitswesen in Deutschland zunehmend internationaler wird (gerade im Bereich der Diagnostik) und damit auch die englische Sprache in einem Deutschgeprägten Gesundheits- und Sozialsystem an Bedeutung gewinnen wird.

# Fazit und Ausblick 3

Die derzeitigen Entwicklungen führen dazu, dass Patienten die Rolle des gesundheitsorientierten Konsumenten einnehmen und ebenso dazu befähigt werden können, Gesundheit und Krankheit zunehmend punktuell selbstständig stärker zu managen. Der dritte Gesundheitsmarkt kann die Autonomie der Patienten unterstützen und zudem für eine verbesserte und bedarfsgerechte Versorgung stehen. Vernetzung ist in vielen Bereichen des alltäglichen Lebens integriert worden, sodass auch in der Gesundheitsbranche eine zunehmende Datenaggregation und -nutzung seitens der Menschen zu erwarten ist. Die Studie hat gezeigt, dass es bezüglich des Themas noch einige Herausforderungen gibt, wie z. B. genauere Datenschutzthemen (allen voran die Frage: wem gehören die Gesundheitsdaten?) oder die Notwendigkeit einer Befähigung der Menschen zur Gesundheits- und -datenkompetenz (Health bzw. Data Literacy). Hierzu bedarf es einer gesellschaftlichen Aufklärung durch die Gesundheitspolitik, den Leistungserbringern und den Kostenträgern im Gesundheitswesen. Zusammenfassend steigt die Studie, dass die Chancen in Relation zu den Herausforderungen als stärker gewichtet werden. Gerade aus der Public-Health-Perspektive können hier teilweise enorme Chancen zum Zugang zur Gesundheitsversorgung und zum Heben von Effizienzreserven genutzt werden. Auch könnten gerade in ressourcenarmen Ländern Technologiesprünge (engl. Leapfrogging) bei heute fehlender Infrastruktur realisiert werden, indem die Menschen eine Leistung/Services, die sie mit ihren Gesundheitsdaten bezahlen. Ein mit dem Internet verbundenes Smartphone, könnte gerade in Bezug auf den dritten Gesundheitsmarkt zu einem sog. Gamechanger werden.

Der Wunsch nach Autonomie in Bezug auf die eigene Gesundheit hat bereits jetzt schon zu einem kulturellen Umbruch geführt. In dem Diskussionsteil der vorliegenden Arbeit wurden die Grenzen und Risiken klar definiert, aber auch

© Der/die Herausgeber bzw. der/die Autor(en), exklusiv lizenziert durch Springer Fachmedien Wiesbaden GmbH, ein Teil von Springer Nature 2020
D. Matusiewicz, *Share Economy im Gesundheitswesen*, essentials,
https://doi.org/10.1007/978-3-658-31782-9_3

die dadurch entstehenden Chancen für die Entwicklung des deutschen Gesundheitssystems. Somit lässt sich abschließend sagen, dass sowohl weitere Aufklärung, als auch nächste politische Schritte unbedingt erforderlich sind. Eine Anpassung der Rahmenbedingungen sollte ebenso erfolgen. Resümierend lässt sich festhalten, dass ein Wandel der gesundheitlichen Versorgung nicht zu vermeiden ist und der Dritte Gesundheitsmarkt die bisherigen klassischen Gesundheitsmärkte in Zukunft ergänzen könnte. Bei der Interpretation der Daten sind die Limitationen und Restriktionen der Erhebung zu beachten.

Hier ist das Abwägen von Chancen und Grenzen auch vor dem Hintergrund einer ethischen Debatte wichtig, da hier das technisch mögliche noch lange nicht gesellschaftlich erwünschte Bild darstellt. Die Ergebnisse der Literaturrecherche, der Experten- als auch der Primärdatenerhebung zeigen allerdings, dass die Share Economy im Allgemeinen und der Dritte Gesundheitsmarkt im Besonderen unter Beachtung der Restriktionen und Limitationen einen positiven Effekt auf die zukünftige Ausgestaltung des deutschen Gesundheitswesens haben könnte und damit berücksichtigt werden sollte. Weitere Forschung ist notwendig, um die Ergebnisse der vorliegenden Studie auf eine breitere empirische Grundlage zu stellen.

Das klassische Gesundheitswesen befindet sich durch die zunehmende Digitalisierung in einem fundamentalen Umbruch. Der Patient wird vom passiven Kunden zum aktiven Mitgestalter der eigenen Gesundheit. Als proaktiver und partizipationswilliger Gesundheitskonsument gewinnt er seine Informationen aus heterogenen Quellen. Zudem fordert er von den klassischen Gesundheitsakteuren, wie bspw. Krankenversicherungen, Leistungserbringern (Ärzten und Krankenversicherungen, Pharmaunternehmen) und Gesundheitspolitikern, mehr Transparenz, Kommunikation und Partizipation. Vor diesem Hintergrund entstehen der Dritte Gesundheitsmarkt und damit eine demokratisierte Medizin. Der Dritte Gesundheitsmarkt verwirklicht sich im Zusammenhang mit der Share Economy („Teilen ist das neue Besitzen") und wird nach dem Peer-to-Peer-Prinzip organisiert. Die Share Economy bezeichnet somit das System des gegenseitigen Ausleihens und Bereitstellens von monetären und nicht-monetären Leistungen, insbesondere durch Privatpersonen und Interessengruppen. Zusätzlich dient diese als Synonym in Bezug auf das Teilen von Wissen und Informationen. Bspw. bieten Plattformen und soziale Netzwerke die Möglichkeit, einen großen Interessenskreis mit Wissen zu erreichen und können in diesem Zusammenhang eine optimale Nutzung und Auslastung erzielen. Im Rahmen der Share Economy nehmen die einzelnen Patienten und Gesundheitskonsumenten Einfluss auf die Gestaltung des deutschen Gesundheitssystems. Als treibender Faktor steht der Mensch, unabhängig ob als Patient oder Kunde. Dem Individuum kommt damit eine neue, intensivere Bedeutung zu, in dem ihm immer mehr Möglichkeiten und Instrumente zur Verfügung stehen, um seine Gesundheit selbst zu lenken. Weitere Forschung ist notwendig, um die Anwendung des Begriffs des dritten Gesundheitsmarktes auf das Gesundheitswesen auf eine breitere empirische Basis zu stellen.

# Was Sie aus diesem *essential* mitnehmen können

- Sie haben gelernt, wie sich die einzelnen Gesundheitsmärkte voneinander unterscheiden
- Sie kennen das Potenzial der Share Economy im Gesundheitswesen
- Sie haben einen Einblick bekommen, wie die digitale Transformation im Gesundheitswesen den Prozess in den nächsten Jahren noch weiter beschleunigen wird

# Literatur


Andersson M, Hjalmarsson A, Avital M (2013) Peer-to-Peer Service Sharing Platforms: Driving Share and Share Alike on a Mass-Scale. Completed Research Paper, in: Thirty Fourth International Conference on Information Systems, Milan, 2013.

Behrendt S, Henseling C, Scholl G (2018) Digitale Kultur des Teilens, Springer Fachmedien, Berlin, Wiesbaden, 2018, S. 59.

Belk R (2007) Why Not Share Rather Than Own?, in: The ANNALS of the American Academy of Political and Social Science, 2007, S. 126–140.

Böcken J, Braun B, Meierjürgen R (2016) Bürgerorientierung im Gesundheitswesen- Kooperationsprojekt der Bertelsmann Stiftung und der Barmer GEK, Verlag Bertelsmann Stiftung, Gesundheitsmonitor, Gütersloh, 2016.

Botsman R, Rogers R (2011) What's mine is yours: how collaborative consumption is changing the way we live, Collins, London, 2011.

Bundesministerium für Gesundheit (2018) Meldungen- Innovation trifft Politik; 28. Juni 2018; aufgerufen am 15.10.2018, URL: https://www.bundesgesundheitsministerium.de/ministerium/meldungen/2018/juni/innovation-trifft-politik.html.

Damm K, Kuhlmann A, Graf von der Schulenburg JM (2010) Der Gesundheitsmarkt 2015- Trends und Entwicklungen; Cuviller Verlag; Göttingen, 2010, S. 4, S. 24, S. 50.

Demary V (2015) Competition in the Sharing Economy, in: IW Policy Paper Nr. 19/2015, Köln: Institut der deutschen Wirtschaft, 2015.

Dervojeda K, Verzijl D, Nagtegaal F, Lengton M, Rouwmaat E, Monfardini E, Frideres, L (2013) The Sharing Economy, Accessibility-Based Business Models for Peer-to-Peer Markets, in: European Commission, Directorate-General for Enterprise and Industry, Brussels, 2013.

Detterbeck S, Pöttgen N (2009) Schriften zum deutschen und europäischen öffentlichen Recht- Medizinische Forschung und Datenschutz, Peter Lang Internationaler Verlag der Wissenschaft, Frankfurt am Main, 2009, S. 75.

Deutsche Leasing Gruppe (2018) Sharing Economy, in: spectrum. Das Wissensmagazin der Deutsche Leasing Gruppe, URL: https://www.deutsche-leasing.com/site/DL.com/get/documents_E-466730824/cms/downloads/Unternehmen/spectrum/DL_SPECTRUM_56_web1_Einzel.pdf, 2018.



© Der/die Herausgeber bzw. der/die Autor(en), exklusiv lizenziert durch Springer Fachmedien Wiesbaden GmbH, ein Teil von Springer Nature 2020
D. Matusiewicz, *Share Economy im Gesundheitswesen*, essentials,
https://doi.org/10.1007/978-3-658-31782-9

Deutscher Bundestag (2016) Dokumentation WD 5- 3000- 027/16, Sharing Economy, Wissenschaftliche Dienste.

Deutsches Ärzteblatt (2013) Im Schatten des Marktes: Eine Zwischenbilanz nach 20 Jahren, in: Schleswig-Holsteinisches Ärzteblatt, 2013, URL: https://www.zukunfts-institut.de/artikel/share-caring-die-demokratisierung-der-medizin/, 2014.

Dönnebrink T (2014) Shareconomy, in: Seitenwechsel, die Ökonomie des Gemeinsamen, Heinrich-Böll-Stiftung (Hrsg.), Böll, 2014.

Duppel S (2005) Nähe und Distanz als gesellschaftliche Grundlegung in der ambulanten Pflege, Schlütersche Verlagsgesellschaft mbH & Co. KG, Hannover, 2005, S. 37.

Eckhartd A, Navarini A, Recher A, Rippe, KP, Rütsche B, TelsernH, Marti M (2014) Personalisierte Medizin, vdf Hochschulverlag, Zürich, 2014, S. 156, S. 235.

Feil F (2016) shareBW: Die Chancen und Risiken der Share Economy, URL: https://www. techtag.de/it-und-hightech/share-economy/sharebw-die-chancen-und-risiken-der-share-economy/, 2016.

Freericks, R., Brinkmann, D. (2015) Handbuch Freizeitsoziologie, Springer Fachmedien, Wiesbaden, 2015, S. 596.

GfK Verein (2015) Sorgen des Marketings des GfK Verein, 2015, URL: https://www.nim. org/compact/fokusthemen/die-sorgen-des-marketings.

Grassmuck V (2012) The Sharing Turn: Why We are Generally Nice and Have a Good Chance to Cooperate Our Way Out of the Mess We Have Gotten Ourselves into, in: Sützl W, Stalder F, Maier R, Hug T: Cultures and Ethics of Sharing / Kulturen und Ethiken des Teilens, Innsbruck University Press, 2012, S. 17–34.

Harms F, Gänshirt D und Rumler R (2008) Pharma- Marketing: Gesundheitsökonomische Aspekte einer Innovativen Industrie am Beispiel von Deutschland, Österreich und der Schweiz, 2. Auflage, Lucius & Lucius Verlagsgesellschaft mbH, Stuttgart, 2008, S. 117.

Haucap J (2015) Die Chancen der Sharing Economy und ihre möglichen Risiken und Nebenwirkungen, in: Wirtschaftsdienst, 2015.

Healthbank (2018), AN ICO YOU CAN BANK ON» – PRE-Sale wegen grossem Interesse verlängert – ICO/STO von healthbank startet Ende Februar 2019, erschienen am 13. November 2018, Zürich, aufgerufen am 06.01.2019, URL: https://www.healthbank. coop/wp-content/uploads/2018/11/PM-Healthbank-ICO_STO-_D.pdf.

Heise P, Axt- Gadermann M (2018) Sport- und Gesundheitstourismus 2030, Springer Gabler Verlag, Wiesbaden, 2018, S. 209.

Heyen N (2018) Von der Krankheitsbekämpfung zur Gesundheitsoptimierung. Aktuelle Technikvisionen für Medizin und Gesundheit), URL: http://www.bpb.de/apuz/270314/ von-der-krankheitsbekaempfung-zur-gesundheitsoptimierung-aktuelle-technikvisionen-fuer-medizin-und-gesundheit?p=all, 2018.

Hoffmann S, Schwarz U, Mai R (2012) Angewandtes Gesundheitsmarketing, Springer Fachmedien, Wiesbaden, 2012, S. 227.

hsbn-ag (2017) Einführung in das deutsche Gesundheitswesen- Teil 6: Ineinandergreifen des ersten und zweiten Gesundheitsmarktes, April 2017, aufgerufen am 02.10.2018, URL:     https://hbsn-ag.de/assets/Serie%20Gesundheitswesen_Teil%206_body%20 LIFE%204-2017_veröff.pdf.

Jaeger- Erben M, Rückert- John J, Schäfer M (2017) Soziale Innovationen für nachhaltigen Konsum: Wissenschaftliche Perspektiven, Strategien der Förderung und gelebt Praxis, Springer Fachmedien Wiesbaden GmbH, 2017, S. 172.

Karsch F (2015) Medizin zwischen Markt und Moral: Zur Kommerzialisierung ärztlicher Handlungsfelder; transcript Verlag; Bielefeld, 2015, S. 124.

Kranzer, A (2007) Auswirkungen und Erfolgsfaktoren von Disease Management- Versorgungsansätze für chronisch kranke Patienten am Beispiel von Asthma und chronisch obstruktiven Lungenerkrankungen, Deutscher Universitätsverlag, Wiesbaden, 2007, S. 179.

Kuenne CW, Moeslein KM und Bessant J (2013). Towards Patients as Innovators: Open Innovation in Health Care. In Mukhopadhyay, C. et al. (Hrsg.), Driving the Economy through Innovation and Entrepreneurship Springer India, 2013, S. 315–327.

Kurtin A (2018) Sharing Economy – Zwischen Kapitalismus und Kommunismus, GRIN Verlag, Nordstedt, 2018, S. 7

Langkafel P (2015) Bundeszentrale für politische Bildung: Auf dem Weg zum Dr. Algorithmus? Potenziale von Big Data in der Medizin, URL: http://www.bpb.de/apuz/202246/dr-algorithmus-big-data-in-der-medizin?p=all, 2015.

Liebrich F (2017) Digitale Medienprodukte in der Arzt-Patienten-Kommunikation, Springer Wiesbaden 2017, S. 75.

Loske, R (2019) Die Doppelgesichtigkeit der Sharing Economy, URL: https://www.boeckler.de/wsimit_2019_01_loske.pdf, 2019.

Matusiewicz D (2019) Betrachtung der Disease Interception aus gesundheitsökonomischer Sicht, in: Jessen F, Bug C (Hrsg.) Disease Interception, eRelation Verlag, Bonn, 2019, S. 69–78.

Matusiewicz D, Pittelkau C, Elmer A (2017) Die Digitale Transformation im Gesundheitswesen – Transformation, Innovation, Disruption, MWV-Verlag, 1. Auflage, Berlin, 2017.

Matusiewicz D, Wasem J (2014) Gesundheitsökonomie, 1. Auflage, Duncker & Humblot Verlag, Berlin, 2014.

Meier E, Ziegler E (o. J.) Nudging im Gesundheitswesen, URL: http://www.clinicum.ch/images/getFile?t=ausgabe_artikel&f=dokument&id=1050.

Oehrl M. (2016) Marktforschung.de: Self- Tracking- ein unverstandener Hype?; Fachartikel veröffentlicht am 10.11.2016; aufgerufen am 12.10.2018, URL: https://www.marktforschung.de/hintergruende/fachartikel/marktforschung/self-tracking-ein-unverstandener-hype/.

Otto U, Hegedüs A, Kaspar H, Kofler A, Kunze C (2017) Uber & AirBnB in der Pflege?, in: I. Hämmerle & G. Kempter (Hrsg.), Umgebungsunterstütztes Leben: Beiträge zum Usability Day XV. Lengerich, Westfalen: Pabst Science Publishers, URL: https://www.researchgate.net/publication/317822678_Pflege_und_Betreuung_a_la_Uber_und_Airbnb_-_darf_uber_Plattformen_pflegen_wer_will, 2017.

Parbel, M (2012) Heise online, Internetartikel vom 11.09.2012, CEBIT 2013: Das Leitthema lautet „Sahreconomy“, aufgerufen am 04.10.2018, URL: https://www.heise.de/newsticker/meldung/CeBIT-2013-Das-Leitthema-lautet-Shareconomy-1704377.html.

Patients-like-me (2018) Forschung, aufgerufen am 13.10.2018, URL: https://translate.google.com/translate?hl=de&sl=en&u=https://www.patientslikeme.com/research/dataforgood&prev=search, 2015.

Philips Gesundheitsstudie (2015) Wie Vertrauen zum Treiber einer neuen Gesundheitskultur wird, URL: https://www.zukunftsinstitut.de/fileadmin/user_upload/Publikationen/Auftragsstudien/Zukunftsinstitut_Philips_Gesundheitsstudie_2015.pdf, 2015.

Repschläger, U., Schulte, C., Osterkamp, N.; Barmer GEK (2017) Gesundheitswesen aktuell 2017, Beiträge und Analysen, Zehn Thesen zur digitalen Transformation im Gesundheitswesen (D. Matusiewicz, M. E. Behm), aufgerufen am 13.10.2018, URL: https://www.barmer.de/blob/133070/4fddba3da4194d0061a587a519a45c33/data/dl-4-zehn-thesen-zur-digitalen-transformation-im-gesundheitswesen—eine-branche-zwischen-etabliertem-stillstand-und-disruptiven-spruengen.pdf.

Schegg R, Matusiewicz D (2018) Gesundheitsplattform aus der Schweiz – Der Patient entscheidet über die Kommerzialisierung, in: Health & Care Management (HCM), Holzmann Medien, Ausgabe 11, 9. Jg., 2018, S. 36.

Scholl G, Behrendt S, Flick C, Gossen M, Henseling C, Richter L (2015) Peer-to-Peer Sharing, in: Definition und Bestandsaufnahme. PeerSharing Arbeitsbericht 1, Berlin, 2015, S. 6–9.

Schor J, Fitzmaurice C (2015) Collaborating and Connecting: The Emergence of a Sharing Economy, in: Reisch, Lucia; Thogersen, John (Hrsg.) Handbook on Research on Sustainable Consumption. Cheltenham, UK: Edward Elgar, 2015, S. 410–425.

Seittele, C. (2016). Dynamik der Digitalisierung. Die Wirtschaftswelt wappnet sich für den digitalen Um- bruch. NZZ vom 3.11.2016. http://www.nzz.ch/wirtschaft/digital-business/dynamik-digitalisierung- wirtschaftswelt-digitalen-umbruch-ld.125627, 2016, o. S.

Sienel, M., 2013, Der deutsche Gesundheitsmarkt: Risiken und Potenziale für den Handelsmarkt der Zukunft, disserta Verlag, Hamburg, 2013, S. 15.

Spermann A, Eichhorst W (2015) Sharing Economy – Chancen, Risiken und Gestaltungsoptionen für den Arbeitsmarkt, IZA Research Report, URL: https://archiv.wirtschaftsdienst.eu/jahr/2016/6/sharing-economy-mehr-chancen-als-risiken/, 2015.

Staun H (2013) Der Terror des Teilens, FAZ, 2013, URL: http://www.faz.net/aktuell/feuilleton/debatten/shareconomy-der-terror-des-teilens-12722202.html, 2013.

Stegemann P (2016) Uberisierung: Wie Plattformen unsere Arbeit verändern, in: bpe, Netzdebatte, URL: https://www.bpb.de/dialog/netzdebatte/220768/uberisierung-wie-plattformen-unsere-arbeit-veraendern, 2016.

Süddeutsche Zeitung (2015) Verbraucherzentralen- Nicht sorglos mit Gesundheitsdaten sein, Artikel vom 02.01.2015, aufgerufen am 06.10.2018, URL: https://www.sueddeutsche.de/news/service/jahreswechsel-verbraucherzentralennicht-sorglos-mit-gesundheitsdaten-sein-dpa.urn-newsml-dpa-com-20090101-150102-99-00458.

Theurl T (2015) Ökonomie des Teilens, in: Governance konsequent zu Ende gedacht. Wirtschaftsdienst, 2015, S. 87–91.

Vitabook GmbH (2018) Gesundheitsdaten bündeln und ordnen, aufgerufen am 09.10.2018, URL: https://www.vitabook.de/index.php.

von Stokar T, Peter M, Zandonella R, Angst V, Pärli K, Hildesheimer G, Scherrer J, Schmid W (2018) Sharing Economy- teilen statt besitzen, vdf Hochschulverlag AG, Zürich, 2018, S. 60, S. 78 ff.

Weitzman M (1984) The Share Economy, in: Conquering Stagflation. Harvard University Press, Cambridge, 1984, S. 146.

Wienke A, Eberbach WH, Kramer HJ, Janke K (2009) Die Verbesserung des Menschen- Tatsächliche und rechtliche Aspekte der wunscherfüllenden Medizin, Springer- Verlag, Berlin, Heidelberg, 2009, S. 14.

WiWo (2015) Verbraucherschützer warnen vor der Sharing Economy, URL: https://gruender.wiwo.de/warum-verbraucherschuetzer-vor-der-sharing-economy-warnen/, 2015.

YouGov (2015) Studienleitung Soldwedel A., Quantified Health Studie; Onlineartikel Selftracking: Rund jeder Dritte würde gesundheitsbezogene Daten an Krankenversicherer weitergeben, Köln, erschienen am 20.01.2015, aufgerufen am 11.11.2018, URL: https://yougov.de/loesungen/ueber-yougov/presse/presse-2015/pressemitteilung-self-tracking-rund-jeder-dritte-wurde-gesundheitsbezogene-daten-an-krankenversicherer-weitergeben/.

Zukunftsinstitut (2015) Die Phillips Gesundheitsstudie- Wie Vertrauen zum Treiber einer neuen Gesundheitskultur wird, 2015, S. 12/13, aufgerufen am 02.11.2018, URL: https://www.zukunftsinstitut.de/fileadmin/user_upload/Publikationen/Auftragsstudien/Zukunftsinstitut_Philips_Gesundheitsstudie_2015.pdf.